I'M GOING TO TEXAS
YO VOY A TEJAS

Go Texas!
Mary Wade

by
Mary Dodson Wade

translated by
Guadalupe C. Quintanilla

illustrated by
Virginia Marsh Roeder

COLOPHON HOUSE   HOUSTON, TEXAS

For all those who think Texas
is nothing but cowboys.
---M.D.W.

For my four wonderful girls
and Richard.
---V.M.R.

ACKNOWLEDGMENT: A special thanks to Pat Anthony for encouragement and to Betty Peña, Adanevia Martinez, and Myrthala Rodriguez, along with all those wonderful people in El Paso, for perceptive reading, comments, and clarification. "Don't Mess with Texas" logo used by permission of the Texas Department of Transportation.

Cataloging-in-Publication Data
Wade, Mary Dodson
  I'm going to Texas/Yo voy a Tejas/by Mary Dodson Wade;
trans. by Guadalupe C. Quintanilla; illus. by Virginia Marsh Roeder.
  p. cm.
Summary: Going to Texas involves more than just being a cowboy.
Interesting places beckon adventurous travellers.
ISBN 1-882539-17-6
ISBN 1-882539-18-4 (pbk)
[1. Texas—Fiction. 2. Texas—Description and Travel. 3. Spanish Language
Materials—Bilingual. 4. Stories in rhyme.] I. Roeder, Virginia Marsh, ill.
II. Quintanilla, Guadalupe C., tr. III. Title.
PZ8.3W12Im 1995
917.64
[E]

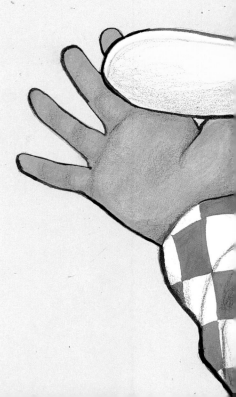

"I'm going to Texas.
I'll wear a big hat."

*Yo voy a Tejas.
Usaré un sombrero grande.*

"Texas has cowboys,
but it's more than that."

Tejas tiene vaqueros,
pero tiene mucho más.

Texas has many ranches, but the largest one, King Ranch where Santa Gertrudis cattle were developed, spreads over several counties in south Texas. The town of Albany calls itself home of white-faced Hereford cattle. Cowboys show their skills at rodeos in Mesquite, Stamford, and Dalhart.

Tejas tiene muchos ranchos, pero el más grande, el King Ranch (el Rancho Rey) donde se desarollaron las vacas Santa Gertrudis, cubre varios condados al sur de Texas. El pueblito de Albany se conoce como el lugar de nacimiento de las vacas Hereford, que tienen caras blancas. Los vaqueros demuestran sus talentos en los rodeos de Mesquite, Stamford y Dalhart.

Fort Worth was once called Cowtown. Visitors to the George Ranch Historical Park near Richmond get a close-up view of life from 1820 to 1930, including cowboys. But . . . the most famous Cowboys in Texas play football in a stadium in Irving, near Dallas.

A Fort Worth se le llegó a llamar el Pueblo de la Vaca. Los visitantes al parque histórico George Ranch (el Rancho Jorge) cerca de Richmond pueden observar de cerca la vida típica desde 1820 hasta 1930, incluyendo vaqueros. Pero los Vaqueros más famosos juegan football en un estadio en Irving cerca de Dallas.

"I'll put on my chaps
and ride through the cactus."

*Me pondré mis chaperreras,
y pasearé entre los nopales.*

The Piney Woods of East Texas is covered with trees. Sandy beaches bring flocks of sunlovers to Galveston and Padre Island. Tall buildings rise out of the blackland prairie in Dallas, and Houston's Ship Channel has miles of oil refineries.

El Piney Woods of East Texas (el Bosque de Pinos en el oriente de Tejas) esta cubierto de árboles. Lindas playas atraen a mucha gente a Galveston y Padre Island. En Dallas, grandes edificios surgen por la llanura negra, y Houston's Ship Channel (el Canal de Barcos de Houston) tiene millas de refinadoras de aceite.

"In some parts of Texas that's not the practice."

En ciertas partes de Tejas, esto no se hace.

Austin, the capital, is part of the Hill Country, famous for its wildflowers. El Paso bumps up against the mountains, while Amarillo sits on the flat, wheat-growing High Plains. Orange trees grow in the Valley, near Brownsville.

Austin, la capital, es parte de Hill Country (el area de colinas de Tejas), que es famosa por sus flores silvestres. El Paso llega a las montañas y Amarillo se encuentra en el llano donde se siembra trigo. Naranjas crecen en el Valle cerca de Brownsville.

Dancers swirl at Fiesta Texas in San Antonio. Theme parks like Six Flags over Texas near Dallas and Six Flags AstroWorld in Houston have stage shows along with thrill rides.

Los bailarines jiran en Fiesta Texas en San Antonio. Parques como Six Flags over Texas (Seis Banderas sobre Tejas) cerca de Dallas y Six Flags AstroWorld en Houston tienen espectáculos y paseos emocionantes.

"I'll pull on my boots
and dance the Cotton Eyed Joe."

*Me pondré mis botas,
y bailaré el Cotton-Eyed Joe.*

"You can dance in Texas
or watch a big show."

*Puedes bailar en Tejas,
o ver un gran espectáculo.*

Famous performers entertain fans at annual rodeo and livestock shows in Fort Worth and Houston. Outdoor theaters recreate Texas history each summer on Galveston Island, in Palo Duro Canyon, and at El Paso.

Famosos artistas divierten a las personas en los rodeos anuales y en las exposiciones de ganado en Fort Worth y en Houston. La historia de Tejas se recrea en teatros al aire libre cada verano en la Isla de Galveston, en Cañon Palo Duro y en El Paso.

"I'll jump on a mustang
and race over the hills."

*Brincaré sobre un mustang,
y correré sobre los cerros.*

Mustangs used to run wild across Texas. Now huge bronze ones splash across the plaza at Los Colinas in Irving.

Los mustangs antes corrían salvajes a traves de Tejas. Hoy en dia, estatuas de bronce chapotean a traves del agua en la plaza de Las Colinas en Irving.

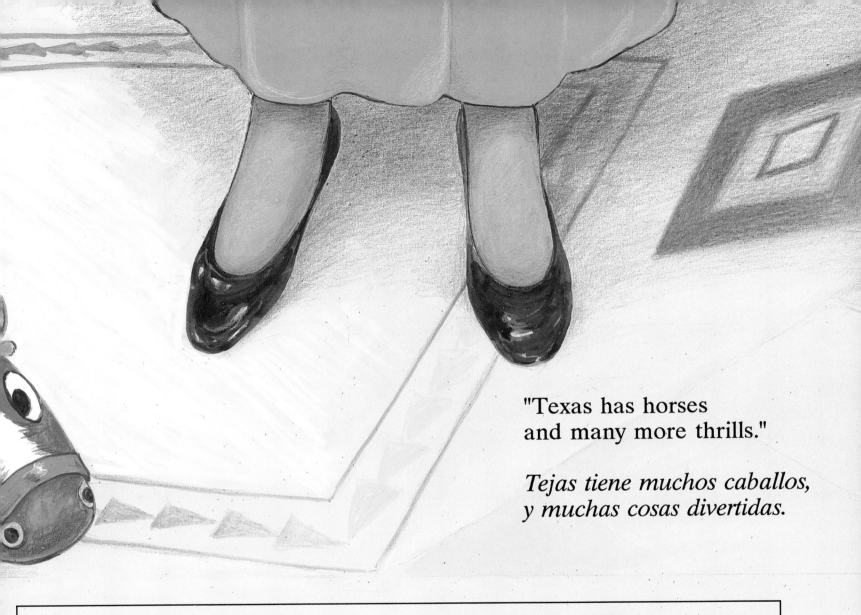

"Texas has horses
and many more thrills."

*Tejas tiene muchos caballos,
y muchas cosas divertidas.*

In Brenham members of the Monastery of St. Clare raise miniature horses no bigger than a large dog. Tiny Round Top has wonderful old houses and a ranch with miniature donkeys.

En Brenham miembros del monasterio Sta. Clara crián caballitos pequeños no más altos que un perro grande. El pueblito de Round Top tiene maravillosas casas antiguas y un rancho con burros de miniatura.

"I'll lasso a steer
and take a wild ride."

*Lazaré un novillo,
y tomaré un paseo alocado.*

"Texas has cows
and other animals beside."

*Tejas tiene vacas
y muchos otros animales.*

San Antonio, Brownsville, Dallas, and Houston have outstanding zoos, but there are many wild animals such as deer, squirrels, and, of course, armadillos. Rare whooping cranes return each winter to Aransas Natural Wildlife Refuge. American bald eagles are spotted on the Vanishing Texas River Cruise out of Burnet.

San Antonio, Brownsville, Dallas y Houston tienen zoológicos estupendos pero también hay muchos animales salvajes como venados, ardillas y armadillos. Gruellas raras regresan cada invierno al Aransas Natural Wildlife Refuge (Refugio Natural de Aransas). Águilas calvas americanas se han visto en el Vanishing Texas River Cruise (paseo por el río tejano) en Burnet.

Lubbock and Snyder have prairie dog towns in the city. Alligators abound at McFaddin Wildlife Refuge near Port Arthur. There are even rattlesnake roundups every year in Sweetwater and Big Spring.

Las ciudades de Lubbock y Snyder tienen pueblitos de tuzas. Los lagartos abundan en McFaddin Wildlife Refuge (Refugio de Animales Salvajes de McFaddin). Hasta hay un gran evento para accorralar vívoras de cascabel en Sweetwater y Big Spring cada año.

"I'll go looking for Indians.
They'll be all around."

*Iré a buscar indios.
Están en todos lados.*

Alabama-Coushatta Indians live in east Texas near Livingston and the Tigua Indians near El Paso. All the other tribes are gone.

La tribu Alabama-Coushatta vive en el oriente de Tejas cerca de Livingston y los Indios Tiguas viven cerca de El Paso. Ya no se encuentran otras tribus.

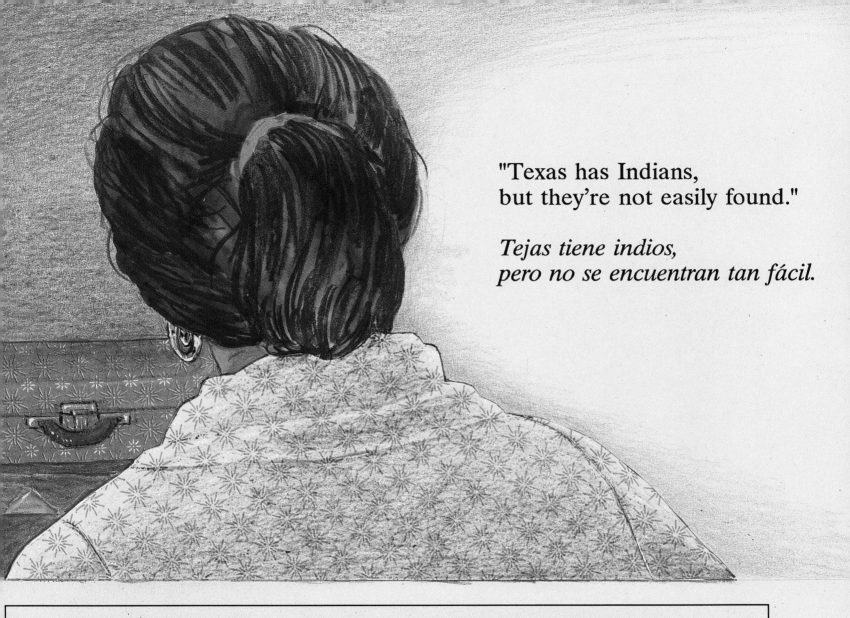

"Texas has Indians,
but they're not easily found."

*Tejas tiene indios,
pero no se encuentran tan fácil.*

Texas was named for the Tejas Indians, and their Stone Age home near Alto has been excavated. Indian pictographs, some over 1000 years old, decorate ledges at Hueco Tank Park near El Paso, in Seminole Canyon near Del Rio, and at Paint Rock.

A Texas se le nombró por los indios Tejas, cuyos hogares prehistóricos cerca de Alto se han excavado. Dibujos indios, algunos de más de 1,000 años, decoran los muros en el parque Hueco Tank cerca de El Paso, el Cañon Seminole cerca de Del Rio, y en Paint Rock.

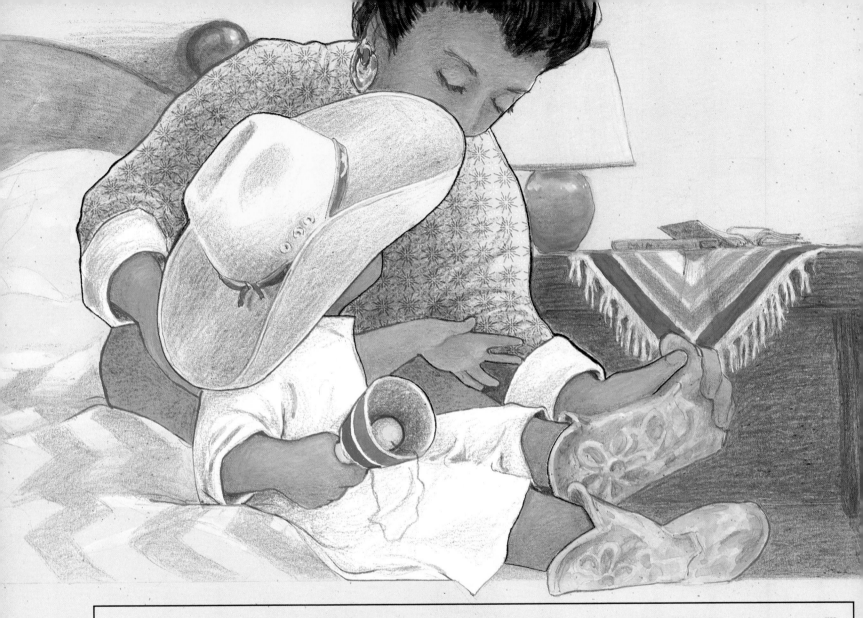

In San Marcos glass bottom boats give a view of fish and underwater plants. Sea creatures, both tiny and monstrous, fill the Texas State Aquarium in Corpus Christi. Vacationers splash down the Schlitterbahn in New Braunfels, float down the Guadalupe River on innertubes, or surf the white sands at Monahans.

En San Marcos lanchas con fondos de vidrio proporcionan un lindo panorama de los peces y las plantas bajo el agua. Criaturas del mar, pequeñas y monstruosas, llenan el Texas State Aquarium (el acuario del estado) en Corpus Christi. Los turistas salpican en el Schlitterbahn en New Braunfels, flotan en el rio Guadalupe en tubos de llanta o esquian sobre las arenas blancas de Monahans.

"The cook will serve beans.
I'll taste a few."

El cocinero servirá frijoles.
Yo los probaré.

"There are other things in Texas
besides eating to do."

Hay muchas cosas que hacer en Tejas,
además de comer.

Dinosaur tracks reveal prehistoric Texas inhabitants at Hondo, Glen Rose, and Sattler, but dinosaurs were not the tiny creatures that created the great Texas oil fields. Museums with derricks and displays explain the process in Kilgore and Midland. Visitors ride the steam train from Rusk to Palestine, climb Enchanted Rock's bald surface near Fredericksburg, and explore the Caverns of Sonora.

Huellas de dinosaurios revelan los habitantes prehistóricos de Tejas en Hondo, Glen Rose y Sattler, pero no fueron los dinosaurios las criaturas que crearon los grandes depósitos de aceite. Museos en Kilgore y Midland revelan el proceso de bombear aceite. Los turistas se pasean en el ferrocaril de vapor de Rusk a Palestine, suben la lisa Enchanted Rock y exploran las Cavernas de Sonora.

"I'll sit by the campfire
and play my guitar."

*Me sentaré cerca del fuego,
y tocaré mi guitarra.*

"There are more things in Texas
than you've dreamed by far."

*Hay muchas cosas en Tejas
más de las que puedes imaginar.*

In San Antonio, hushed visitors walk through the Alamo and see a picture of the real David Crockett. Shamu leaps from the water at Sea World, and boats glide along the Riverwalk. Circus fans marvel at the Hertzberg Circus Collection. In Dallas, Big Tex greets visitors to the State Fair each fall. The Frontiers of Flight Museum at Love Field gives the history of aviation.

En San Antonio los turistas caminan con reverencia por el Alamo y ven un cuadro de David Crockett. Shamu brinca del agua en Sea World y las lanchas se deslizan atraves del rió. Los fanáticos del circo se maravillan de la colección del circo "Hertzburg". En Dallas, Big Tex da la bienvenida a los visitantes a la Feria del Estado en otoño. El museo Frontiers of Flight (Frontera de Aviación) en Love Field de la historia de la aviación.